I0082523

ANSIEDAD

La guía definitiva para aliviarlo a usted del estrés y
así poder liberarlo de la ansiedad

(Deshacerse del estrés, fobias, ansiedad y ataques
de pánico por completo)

Iago Ceja

Publicado Por Daniel Heath

© **Iago Ceja**

Todos los derechos reservados

Ansiedad: La guía definitiva para aliviarlo a usted del estrés y así poder liberarlo de la ansiedad (Deshacerse del estrés, fobias, ansiedad y ataques de pánico por completo)

ISBN 978-1-989853-13-9

Este documento está orientado a proporcionar información exacta y confiable con respecto al tema y asunto que trata. La publicación se vende con la idea de que el editor no esté obligado a prestar contabilidad, permitida oficialmente, u otros servicios cualificados. Si se necesita asesoramiento, legal o profesional, debería solicitar a una persona con experiencia en la profesión.

Desde una Declaración de Principios aceptada y aprobada tanto por un comité de la American Bar Association (el Colegio de Abogados de Estados Unidos) como por un comité de editores y asociaciones.

No se permite la reproducción, duplicado o transmisión de cualquier parte de este documento en cualquier medio electrónico o formato impreso. Se prohíbe de forma estricta la grabación de esta publicación así como tampoco se permite cualquier almacenamiento de este documento sin permiso escrito del editor. Todos los derechos reservados.

Se establece que la información que contiene este documento es veraz y coherente, ya que cualquier responsabilidad, en términos de falta de atención o de otro tipo, por el uso o abuso de cualquier política, proceso o dirección contenida en este documento será responsabilidad exclusiva y absoluta del lector receptor. Bajo ninguna circunstancia se hará responsable o culpable de forma legal al editor por cualquier reparación, daños o pérdida monetaria debido a la información aquí contenida, ya sea de forma directa o indirectamente.

Los respectivos autores son propietarios de todos los derechos de autor que no están en posesión del editor.

La información aquí contenida se ofrece únicamente con fines informativos y, como tal, es universal. La presentación de la información se realiza sin contrato ni ningún tipo de garantía.

Las marcas registradas utilizadas son sin ningún tipo de consentimiento y la publicación de la marca registrada es sin el permiso o respaldo del propietario de esta. Todas las marcas registradas y demás marcas incluidas en este libro son solo para fines de aclaración y son propiedad de los mismos propietarios, no están afiliadas a este documento.

TABLA DE CONTENIDO

Parte 1

CAPÌTULO1: ¿POR QUÉ SEGUIR LA RUTA NATURAL?

Hay muchas razones que amenazan tu cuerpo holísticamente es más efectivo, más que cuidar el aspecto físico, de sentirse ansioso. Es necesario trabajar en sanar desde adentro hacia afuera, no sólo disimular el problema con antidepresivos u otra medicación.

Primeramente, nuestro cerebro y cuerpo son altamente capaces de adaptarse. Por ejemplo, cuando vives en un clima más cálido, tu piel produce naturalmente más melanina para protegerte del sol. No sigues con la piel limpia y tomas medicinas para soportar el sol. Lo mismo sucede con los sentimientos de ansiedad. Tu cuerpo se adapta a esa medicina, y se vuelve dependiente de ella como una función normal. Cuando la medicina pasa o tú decides dejar de tomarla, podrías encontrarte a ti mismo exactamente donde comenzaste. Esto es porque, aunque es la ruta más difícil, tratar tu ansiedad naturalmente te traerá alivio a largo plazo, y sin dependencia.

Enseñar a tu cuerpo y mente a soportar es un desafío, pero la fortaleza y confianza que te genera son valederas. Tratar la ansiedad naturalmente involucra cambios como reentrenar tu cerebro para pensar de una forma más positiva, terminar con hábitos destructivos, ejercitándose y una fundamental óleo terapia.

CAPÍTULO2: ACEITES ESENCIALES PARA EL ALIVIO DE LA ANSIEDAD Y EL ESTRÉS

¿Qué son los aceites esenciales?

Los aceites esenciales son los derivados puros de las plantas de las cuales se extraen. El resultado es un aceite altamente concentrado. Los aceites esenciales son una forma saludable y natural de calmar a tu cuerpo mental y físicamente. Las moléculas en lo aromas de los aceites son capaces de afectar tu cerebro, y controlar los sentimientos de estrés y ansiedad. También tienen la habilidad de cambiar el ritmo cardíaco, la presión sanguínea y la función en tu sistema inmunológico.

¿Cómo ayudan los aceites esenciales con la ansiedad?

Cuando los aceites esenciales ingresan a tu cuerpo, tienen increíbles efectos curativos.

Las moléculas de la fragancia del aceite viajan a través de tu sistema olfativo (uno de los sistemas sensoriales responsable del sentido del olfato) y hace que tu cerebro combata esos sentimientos de ansiedad y estrés. Tu sistema límbico está conectado a ciertas partes de tu cerebro, que también afectan la presión sanguínea, el equilibrio de las hormonas y el nivel de estrés. Los aceites esenciales actualmente se pueden usar o inhalar usando aromaterapia para aliviar la ansiedad. Para agregar a sus capacidades de destacados sanadores, tu cuerpo puede absorber y dispersar sus poderes sanadores a los cinco minutos de exposición.

Aceites esenciales para la ansiedad y como usarlos

Hay muchos aceites que se pueden utilizar para tratar tu ansiedad. Aquí hay una lista de los que encontré más efectivos, y como los usaba:

❖ **Aceite esencial de lavanda:**Este es uno de los más efectivos en el tratamiento de la ansiedad. Este aceite puede mejorar la concentración, calmar la ira e irritabilidad y también fomenta la relajación que combate el insomnio. En mi experiencia, este aceite:

Algunas formas de usar aceite de lavanda:

❖ **Tópicamente:** Coloca de dos a tres gotas en tus muñecas y frótalas juntas, como si estuvieras poniéndote perfume.

❖ **Usa un difusor:** Puedes hacer esto usando un difusor de aceite, el cual puedes encontrar en muchas tiendas online.

❖ **En tu baño:** Toma un baño caliente y agrega un par de gotas de lavanda al agua. Mientras el vapor del cálido baño difundirá el aceite y permite que el suave aroma llene el cuarto, tu cuerpo también absorberá algo de esto mientras te relajas en el baño.

❖ **Sobre tu funda de almohada:**Pon un par de gotas en la funda de tu almohada para que el aroma te ayude a caer dormido, y a permanecer dormido.

❖ <u>**Aceite esencial de madera de cedro**</u>: Un aceite esencial que fomenta la liberación de serotonina, que es un neurotransmisor en tu cuerpo que regula el humor. También este aceite ayuda a regular el apetito. Esto es beneficioso porque en algunos casos los sentimientos de ansiedad pueden causar pérdida de apetito. El aceite de madera de cedro también ayuda si tienes problemas para dormir. En mi experiencia, este aceite también me trae sentimientos de confianza. Este aceite me da una sensación de poder para superar mi estrés y ansiedad.

Algunas formas de usar aceite de madera de cedro:

❖ **Como loción de masajes:** mezclar ¼ de taza de aceite de coco con doce gotas de aceite de madera de cedro, y agregar seis gotas de aceite de esencia de naranja. Masajea tus pies, brazos y cuello antes de ir a la cama y desplázate lentamente para dormir.

❖ **Como un humectante:**Agrega un par de gotas de aceite de madera de cedro a tu loción corporal sin aroma favorita, o mezcla algunas gotas con aceite de almendras. Úsalo para humectar tu cuerpo tanto como para aprovechar sus propiedades curativas.

❖ **<u>Aceite esencial de eucalipto</u>:** El fuerte aroma de este aceite elimina el estrés y te da un aumento de energía. Este es mi aceite favorito cuando me siento perezoso o mentalmente exhausto por el estrés y la ansiedad. Esto es lo perfecto que me lleva a deshacerme de esos sentimientos de tristeza.

Algunas formas de usar el aceite de eucalipto

❖ **En tu ducha:** Prepara un baño cálido y tapa el drenaje. Agrega de tres a cinco gotas de aceite de eucalipto al agua y deja correr el agua. Esto difundirá el aceite y llenará tu ducha con aroma vigorizante. Estarás listo para encarar todo lo que se atraviese en tu camino!

❖ **Como aire ambientador:** Despeja tu espacio de energía negativa y usa este aceite como ambientador. Simplemente mezcla veinte gotas de aceite de eucalipto con ocho cucharadas de agua en una botella aerosol. Use esto para traer positividad a cualquier espacio, ya sea su dormitorio, su auto o su oficina.

❖ **Aceite esencial de rosa**: Este aceite es uno de mis favoritos cuando necesito aumentar la positividad. También, este aceite amplifica mi confianza debido al aroma, para mí, muy femenino. El aceite de rosa también se usa para incrementar los sentimientos de paz y bienestar.

Algunas formas de usar el aceite de rosa

❖ **Aerosol corporal para después del baño:** Como una cereza arriba después de una ducha refrescante, mezcle algunas gotas de aceite de rosa con agua en un rociador. Luego, rocíelo en su cabello, en su cuerpo e incluso en su ropa para dejarse a usted mismo la sensación de limpieza de todas aquellas energías negativas y estrés.

❖ **Como perfume:** Frota dos o tres gotas de aceite de rosas en tus muñecas y cuello para un aroma de aumento de confianza para seguir en todo el día.

Los aceites esenciales son una poderosa y versátil manera de liberar tu cuerpo de la ansiedad. Los aromas y propiedades de estos aceites son esenciales en tu receta de auto cuidado. En el próximo capítulo aprenderás como la meditación puede librar tu cuerpo y mente de la ansiedad. También aprenderás que puedes incorporar el uso de los aceites esenciales para la práctica de la meditación para una experiencia tranquilizadora.

CAPITULO 3: Meditación para aliviar la ansiedad

Es naturalmente humano preocuparse, pero cuando esas preocupaciones te consumen e inhiben tu vida cotidiana, entonces sabes que es hora de controlar tu mente. La meditación es una herramienta altamente efectiva para controlar tu mente y tus patrones de pensamiento. Cuando tienes la mente atrapada con pensamientos ansiosos, te cerebro está condicionado a pensar negativamente. Tu reacción automática es pensar en el escenario de lo peor. Este es un ciclo vicioso, y que parece imposible de romper. No te desanimes, tienes el poder de demoler tus inhibiciones y recuperar tu mente.

Qué es la meditación?

Simplemente, meditación es la práctica de conciencia. Es la conciencia de tus pensamientos, de tu cuerpo y de quién eres. La meditación involucra liberar tu mente del abundante caos que hay en el mundo exterior, y enfocarte en la condición de tu propio espíritu. Es fácil quedar atrapado en lo que está sucediendo externamente, y la meditación te enseña que tú estás aparte de los pensamientos corrientes. Hay diferentes formas de practicar meditación, todas de las cuales se enfocan en diferentes tipos de plena atención. Todas ellas son beneficiosas para superar la ansiedad.

Tipos de meditación

Meditación concentración: Esta forma de meditación involucra enfocarse en un sólo asunto, y absolutamente nada más. Puede ser una idea, una meta, tu respiración o incluso escuchar repetidamente una canción. Cuando descubres que tu atención está cambiando, tu propósito es reenfocar inmediatamente tu mente en el propósito elegido. Con la meditación concentración estás entrenando tu cerebro para concentrar y estar presente con una idea y no dejar que tus pensamientos te lleven hacia un lugar ansioso.

Cómo practicar la meditación concentración

- Siéntate o recuéstate en una posición cómoda
- Elige tu punto y cierra tus ojos
- Repite tu meta o idea repetidamente fuerte en tu mente("soy valioso", "estoy saludable", "no estoy en mis pensamientos")
- Para tu respiración, inhala y exhala de manera que sea natural para ti.

Enfócate en como dejar respirar tu nariz y boca, y siente que tu pecho aumenta y cae.

Meditación consciente: Un tipo de meditación que entrena tu cerebro para que se libere de prejuicios. La meditación consciente involucra sentarse y dejar que tus pensamientos fluyan libremente.

Cómo practicar la meditación consciente

- Siéntate o recuéstate en una posición cómoda con los ojos cerrados.
- Deja fluir tus pensamientos libremente.
- Cuando un pensamiento se te cruza NO LO JUZGUES. No te enloquezcas pensando en esto ni reacciones a esto. **Simplemente identifícalo.** Di a ti mismo: "Este es un pensamiento positivo/negativo/inútil. Luego pregúntate a ti mismo: "Por qué estoy

pensando esto?", "Es algo acerca de lo que puedo hacer ahora?"

Tu objetivo aquí es entender que los pensamientos no te controlan. Por identificarlos y entenderlos ganas poder sobre tu mente. Tus pensamientos no son los que te molestan, pero influyen bastante en la reacción que desencadena en ti.

Meditación respiración: La meditación respiración está centrada en, adivinaste, tu respiración. En hacer, entonces, que tu cerebro se concentre en algo más que el caos de tus pensamientos. Cuando te sientes ansioso, tu respiración se acelera y sientes que no recibes suficiente aire. Respirar profundo beneficia a tu cuerpo porque envía señales de calma a todo tu sistema nervioso. Esta forma de meditación es simple, y puede incluso hacerse en el trabajo. La técnica de respiración que he usado siempre para aliviar la ansiedad es una que aprendí en clase de yoga. Se llama "Ujjayi".

Cómo practicar la respiración Ujjayi

- En una posición cómoda, cierra tus labios y respira profundo a través de tu nariz.
- Exhala a través de tu nariz, haciendo salir tu respiración en los últimos seis segundos.

El principio detrás de este tipo de respiración es que hace que tu respiro suene como las olas del océano. Esto disminuye tu aceleración cardíaca y re centra tu mente con cada respiro. Este tipo de respiración se puede usar en sí misma, o cuando estés practicando meditación concentración.

Consejos para comenzar la meditación

❖ *Meditar es difícil.* Vivimos en un mundo donde estamos constantemente reaccionando, como si fuera una historia que oímos en TV o una foto que vemos online. Siempre se forman opiniones e ideas que son etiquetadas como positivas o negativas. Aquietar tu mente va a ser difícil, pero no te desanimes. Con bastante dedicación y práctica se volverá natural y te emocionarás tú mismo de liberar tu mente del ruido en el mundo.

❖ Cuando comienzas primero, no te obligues a ti mismo a sentarte incómodamente por una hora porque eso es lo que los más famosos yoguis están haciendo. La clave estar cómodo y abierto a la positividad que la meditación te trae. Estar incomodo es contraproducente en la práctica de la meditación.

❖ Libera tus expectativas. No empieces la práctica de la meditación esperando tener una epifanía o cura mágica de todas tus ansiedades.

❖ Comienza por meditar sólo tres minutos por día. Puedes trabajar a tu manera en invertir más tiempo en cómo mejorar y estar más cómodo.

❖ Si no sabes absolutamente donde comenzar, prueba escuchando alguna meditación online o en tu teléfono.

❖ Para incorporar aceites esenciales a tu rutina de meditación, mezcla tu aceite favorito con un poco de agua en un rociador. Rocíalo alrededor de donde te sientas y acuestas. Esto agregará a una experiencia pacífica y de limpieza. Mis aceites favoritos que uso para esto son limón y naranja mezclados!

La meditación es MUY valiosa. Si eres como yo estás sacudiendo tu mente al pensar: "Cómo se supone que debo ubicarme y pensar para calmar mis pensamientos más acelerados?". Pero te prometo que con práctica y perseverancia, cosecharás los beneficios de la meditación y disminuirás tu ansiedad.

CAPITULO 4: Ejercicio para aliviar la ansiedad

Ejercitarse tiene beneficios increíbles para tu cuerpo y mente. Cuando te estás sintiendo estresado, tu cuerpo y mente lo sienten también. Esto es porque el cerebro tiene conectados varios nervios a otras partes de tu cuerpo que se sienten tensos y ansiosos. El ejercicio naturalmente produce endorfinas que mejoran tu humor. Adicionalmente, la actividad física promueve la circulación enviando oxígeno a tu cerebroy limpiando tu mente. El ejercicio también te hace eliminar todas tus toxinas, asique es increíblemente saludable para tu cuerpo. Aquí hay algunas de mis formas favoritas para romper el sudor y limpiar mimente:

Hacer caminatas: Mi ejercicio preferido de estímulo de humor. Es una forma grandiosa de llegar al exterior y cosechar todos los beneficios que la calma natural tiene para ofrecer. El sol en tu cara, el olor de los árboles y flores rodeándote y los pájaros cantando. Es una forma maravillosa de entrar en contacto con tus pensamientos y dejar afuera el abrumador ruido del mundo. Hacer caminatas es bueno para tu cuerpo porque involucra colinas y terrenos desparejos, asique tu mente está ocupada mientras llega del punto A al B. hacer caminatas te dará paz, y la libertad que necesitas de tus pensamientos corrientes.

Yoga: Siendo que el estrés y la ansiedad matan la actividad, yoga implica estiramiento y respiración profunda. Las variaciones en las posiciones del yoga concientizan a los músculos de que puedes no usarlos diariamente. Para mí personalmente, yo llevo mi estrés en mi cuello y hombros. Yoga te ayuda a estirar aquellos músculos y alivia la tensión de mi cuerpo. Otro aspecto importante del yoga es que se enfoca en el interior también.

Enfocarse en respirar también es importante en la práctica del yoga.Esto asegura que entregues suficiente oxígeno a tus músculos cuando los estires. El yoga y la meditación se pueden combinar para una mejor experiencia en el alivio de la ansiedad.

Otras emocionantes formas de ejercitarse: Bailar, andar en bicicleta, ir a nadar, tomar clases de ballet. Encuentra una forma de sentirte bien tú mismo y disfruta haciéndolo. Si fueras como yo, te aburrirías en una sesión de ejercicios en una rueda de andar.También, otra buena manera de patearle el trasero a la ansiedad es simplemente salir a caminar por el parque, por el centro o la tienda.

La importancia de apartar un tiempo para ejercitarse

Es crucial para tu salud mental tomar tiempo para ti. Disfrutar una actividad que calme el estrés y la ansiedad porque te estás cuidando a ti mismo. La mayor parte de nuestras vidas atendemos las necesidades de otras personas, como si fuera nuestro trabajo cuidar de la familia y amigos. Frecuentemente dejamos escurrir nuestros sentimientos y no les damos importancia. El ejercicio es una forma de auto cuidado que puede ser terapéutica, y te puede recuperar los sentimientos haciéndote mejor.

Una simple sesión de ejercicios puede calmar tu ansiedad por horas. Transpirar mejorará tu humor y te hará sentir realizado. Ejercitarme es mi forma preferida de salirme de la ruta de la ansiedad. Sigue leyendo para aprender cómo hacer que cambie tu estilo de vida para que te sientas que estás en la cima del mundo.

CAPITULO 5: Cambia tu estilo de vida para patearle el trasero a la ansiedad

La ansiedad puede causar sentimientos de desesperanza, desinterés, descontrol, y hacerte perder el sentido de quién eres. Te hace llegar a una comodidad que se va rápido y te hace sentir peor al final. Hay muchos hábitos que has formado en tu vida que podrían empeorar tus sentimientos de ansiedad y estrés.

Hábito 1: Limita el alcohol

El alcohol no es algo terrible.Es normaldisfrutar un par de tragos cuando sales con amigos o por una celebración. Te hace sentir más confiado y menos preocupado. Esto es porque en realidad el alcohol deprime tu sistema nervioso central. Sin embargo, el alcohol se vuelve un tema cuando se usa como un escape, si tomas cuando te sientes decepcionado o desesperanzado.

Cómo empeora el alcohol la ansiedad?

El alcohol aumenta temporalmente el nivel de serotonina que tu cuerpo produce. Y luego decae cuando el alcohol deja tu cuerpo. La serotonina es un neurotransmisor en tu cerebro que afecta tu humor. Cuando el alcohol pasa, te sientes incluso más ansioso y deprimido que antes. Los sentimientos de enfermedad y preocupación te indujeron a tener resaca y hacerte sentir más inestable. Cuando tomas alcohol frecuentemente, tu cerebro en realidad se reconecta sólo para contrarrestar la inhibición (estar borracho) por desarrollar tu tolerancia al alcohol. Lo que sucede desde que eres capaz de tomar alcohol sin sentir los efectos, es que te llevará a tomar cada vez más cantidades.

Hábito 2: Limita la cafeína

Si estás teniendo problemas con la ansiedad, considera disminuir el consumo de cafeína. El café, y algunos tés fuertes, pueden causar un aumento de presión sanguínea, que puede afectar tu ritmo cardíaco. Si estás luchando con la ansiedad, muy posiblemente te sientas inestable y nervioso. La cafeína puede aumentar esos sentimientos. También, la cafeína bloquea el neurotransmisor de tu cerebro que te hace sentir cansado, asique puede afectar tu sueño y mantenerte despierto.Trata de reemplazar tu taza de café en la mañana por una taza de té. Yo personalmente prefiero el café, pero no lo necesito para funcionar. Sólo que me gusta una taza de algo caliente en la mañana. Comencé a sustituirla por una taza de té caliente con poca o sin cafeína.

Hábito 3: Comer!

La ansiedad puede causarte pérdida de apetito. Sin embargo, esto es peligroso porque no proveer a tu cuerpo con los nutrientes que necesita puede empeorar la forma en que te sientes. El azúcar de tu sangre disminuye y tu cuerpo puede temblar y debilitarse. Esto lleva a sentimientos de enfermedad y a aumentar sentimientos de pánico. Siempre asegúrate de estar comiendo lo suficiente, incluso si estás comiendo algún tentempié.

Hábito 4: Disminuye el desplazamiento de las redes sociales

Somos culpables de esto, de desplazarnos a través de las redes sociales cuando tenemos un segundo demás. Me encuentro yo mismo desperdiciando mucho tiempo admirando fotos, artículos, tweets, videos… todo lo que Internet tiene para ofrecer. Después de estar en las redes sociales por un momento, yo mismo me siento más frustrado y ansioso que antes.

Cómo causan ansiedad las redes sociales?

Celos y sentimientos de indignidad

Las redes sociales son una maravillosa herramienta para conectare con gente, pero también es una herramienta para hacerte sentir incumplido y celoso. Ver fotos de otras personas en aventuras, con sus significados, puede hacer que nos preguntemos:>."Por qué no estoy comiendo saludable o en lujosas vacaciones? No debo ser tan exitoso y saludable como esa persona". Esos son algunos de los pensamientos que se han atravesado en mi mente. Esa celosía me llenó de dudas y me perdí en el peligroso mar de compararme con otros. Esto empeoró mis sentimientos de desesperación y ansiedad, y por alguna razón no pude para de continuar en las redes sociales. Tienes que entender que las redes sociales son el rollo que refleja los momentos de la gente; todos tienen sus luchas y tristezas, la vida de nadie es perfecta.

Consumiendo el tiempo

Las redes sociales pueden consumirte todo el día. Por sumar aquellas horas en las que pasas tu tiempo revisando tu teléfono en tus intervalos en el baño, probablemente tienes más horas que pasas en tu teléfono. Esto te puede causar decepción contigo mismo por haber desperdiciado tu tiempo en lugar de invertirlo siendo productivo, lo cual te llevará a una mayor frustración y ansiedad contigo mismo. No caigas tú mismo en esta trampa. No es saludable para ti y no cultiva el crecimiento que quieres lograr.

Hábito 5: Invierte más tiempo en compañía

Si eres como yo, entonces tu ansiedad causará que quieras estar sólo. Mientras la soledad es saludable, estar mucho tiempo sólo puede hacer que pienses demasiado. Analizar constantemente cada situación o cada interacción con la que te encuentras puede empeorar tu ansiedad. Pasar tiempo con la gente que quieres es una buena manera de salir de tu propia cabeza y alimentar su positividad. Rodearte de gente que te cuida aumenta tu autoimagen y confianza. Si la gente con la que sales te tira abajo y aumenta tus preocupaciones, es tiempo de reconsiderar tu grupo. Buenas personas son aquellas que te cuidan y que quieren estar contigo sin importar lo que sientas.

Hábito 6:10 cosas por las que estés agradecido
Si eres propenso a la ansiedad, es común para ti enfocarte en los aspectos negativos de tu vida. Las positivas se pasan más por alto de lo que no. Una forma maravillosa de combatir este hábito es escribir diez cosas por las que estás agradecido cada día. Puedes hacer esto en la mañana para

sentirte positivo al segundo de despertar, lo cual te pondrá a tono para el resto del día. Puedes hacer esto en tu cama al final del día para dormirte con una sonrisa en tu cara.

Hábito 7: Encuentra algo que te guste hacer

Los sentimientos de desesperación y ansiedad pueden robarte tu creatividad y expresión. Como humano, es importante que sientas que estás poniendo tus energías hacia algo que estás orgulloso. Quieres sentirte valioso, complacido, visto e importante. Encuentra un pasatiempo o actividad extracurricular en la que sientas que expresas TUS valores y TUS intereses. Pinta, escribe, comienza un club de lectura, ingresa a un concurso de escritura, comienza un diario… la lista sigue y sigue. Toma un tiempo cuando estás meditando o tienes un tiempo a solas para verdaderamente evaluar tus valores y descubrir aquello que te estimula.

Hábito 8: El sol en tus hombros

Es importante salir. El sol provee vitamina D para tu cuerpo la cual es esencial para tu salud. Cuando el sol brilla en tus hombros o tu cara, te sientes más vivo y activo. Esto puede ayudar a incrementar tu humor, como el sol de verdad aumenta tus niveles de serotonina. La próxima vez que te sientes deprimido, da un paso afuera, encara al sol, y cierra tus ojos. Disfrútalo y siente el calor abrazando tu piel y déjala rejuvenecer.

Hábito 9: Racionalizar

Habituaba ser un dramatizador crónico. Cuando algo simple me salía mal, pensaba que era el fin del mundo. Cada situación, cada palabra que decía, cada error que cometía, pensaba en esto por horas, incluso días después. Finalmente me di cuenta una gran cantidad de esos "temas" que creía que tenía, los creé yo mismo. Nadie se preocupaba por los errores que cometía, incluso nadie los recordaba.

Todavía pasaba horas preocupándome por lo que otros podrían estar pensando de mí. Mi propia cabeza estaba creando esos problemas por mí. Decidí (y todavía estoy aprendiendo cómo) racionalizar. Cuando estoy preocupado por una situación me pregunto yo mismo:

❖ Puedo hacer algo para arreglar todo *ahora mismo?* (Si no hay nada que puedas hacer para solucionar todo *en este momento,* entonces no ha manera de preocuparse si se va a arreglar algo. Déjalo)

❖ Esta situación, está bajo mi control?

❖ Hice lo mejor en esa situación? Si lo hiciste y no funcionó, entonces estaba fuera de tu control.No te preocupes por eso.

❖ Mi salud está realmente en peligro? La ansiedad tiende a causar pensamientos irracionales de que estás enfermo o en peligro, o que algo se está cayendo a pedazos. Sigue recordándote a ti mismo *que estás bien* y *que tus pensamientos no tienen control sobre ti a menos que tú los dejes que te molesten.*

❖ *Por qué me estoy sintiendo ansioso? Qué desencadenó este sentimiento?* Trata de identificar por qué estás preocupado. Este es el paso más importante. Identificar el problema te da el poder de quitártelo de encima, y evitará que te preocupes por cosas similares en el futuro.

Ser consciente de tus hábitos puede darte una vista más clara de lo que puede causar o empeorar tu ansiedad. Tan pronto como entiendas que la ansiedad está en tu propia cabeza, entenderás que tienes el poder de detenerla.Siempre recuerda ser amable contigo mismo. Estásaprendiendo y desarrollando tu capacidad de controlar tu mente.

CAPITULO 6: La importancia de tener metas

Vivir con ansiedad significa que lo desconocido se está acercando a tu mente. Sientes como que siempre hay algo de qué preocuparse.Una fecha límite, una discusión inconclusa, el trabajo, la escuela, todo!

Establecer metas y entender cómo alcanzarlas es la clave para aliviar tus ansiedades acerca de lo desconocido. Cuando tienes un plan en mente, sabes exactamente lo que necesitas hacer y no hay manera de que te sientas estancado y ansioso.

Cómo establecer metas efectivamente

1. **Identificarlas.** Descubre cuáles son tus metas a corto plazo, mediano plazo y de por vida. Qué quieres lograr hacer esta semana/mes?Con qué quieres

cumplir en los próximos seis meses? Qué quieres lograr de aquí a diez años? *No te limites.* Cuando tienes ansiedad tiendes a subestimar tus capacidades y tu valor. Escribe los más grandes, más extravagantes sueños y metas que piensas que no eres capaz de lograr. Darse cuenta de que tienes metas es el primer paso para lograrlas. Este es uno de los pequeños pasos que más cuenta.

2. **Hazlas de manera realista.** Esto no significa que te limites. Significa que te establezcas metas a un punto más alto que el que estás, pero no tan altas que estarás decepcionado cuando no puedas lograrlas. Tienes que trabajar gradualmente hacia tus metas.Por ejemplo, si no vas al gimnasio para nada, no te establezcas como primera meta "Ir al gimnasio cuatro veces por semana dos horas por día". Pronto te cansarás de estoy te vas a encontrar desanimado.

3. **Sé específico!**Ser muy específico con tus metas es muy necesario. Si tu meta está en el aire, entonces hay mucho margen de maniobra que te pueda guiar a desviarte de tu camino. Si tu meta es mejorar tu dieta, no sólo digas que tu meta "es comer mejor todos los días". Algo más productivo sería:"Comer fruta con cada comida".

4. **Escribe tus metas.** Si puedes físicamente *ver* tus metas en el papel, te da mucha más motivación para que seas más responsable. Sólo tener las metas en tu mente hace fácil que las descartes y te digas a ti mismo que comenzarás mañana a dirigirte hacia ellas.

5. **Lento pero seguro.** Establece un marco de tiempo para tus metas. Quieres que tu dieta cambie completamente en un mes? Si es así, cómo puedes trabajar para llegar a eso hoy? Siempre hay algo que puedes hacer para asegurarte de

llegar a tus metas, incluso si esta es a un año. Quieres tener tu propio blog para el año próximo? Comienza por escribir algo hoy, incluso si es sólo la idea de un tema para tu blog. Siempre hay algo que puedes hacer.

6. **Sé paciente.** No te sientas atrapado por el tiempo ni desees que vuele por el sólo hecho de ver tus metas ya cumplidas. El proceso de trabajar hacia tus metas hace que al lograrlas se valore. Aprendes autodisciplina, paciencia, trabajo ético y varias cosas que son fructíferas para tu crecimiento como persona y te curan la ansiedad. Tú *tienes el control sobre tu vida*. Tú *puedes* elegir qué decisiones tomar. Tú *puedes* cambiar tus circunstancias.

Cumplir las metas que estableces en tu mente es extremadamente saludable para tu autoconfianza. Creer en ti mismo y verte capaz de manifestar tus sueños te dará dominio sobre tu ansiedad y no dejará que esta te controle. Tu mente puede engañarte en sentirte paralizado e incapaz de trabajar duro y ser exitoso.

CAPITULO 7: Conclusión

Mis más sinceros deseos de que hayas encontrado algo en éste libro que te haya prendido el foco. Que tú tuvieras el "ah ha!!", momento que hizo que te dieras cuenta de cuánto poder tienes. La ansiedad y el estrés son tramposos, y aparecen en la vida cotidiana de una forma muy sigilosa haciéndote creer que eres invencible. En muchas maneras, tu mente siendo tu más poderosa herramienta, puede ser también tu pero enemiga, y es todo para entrenar tu cerebro para estar de tu lado. Recuerda ser paciente y bueno contigo mismo. Estás aprendiendo y creciendo. Si no es problemático, entonces no se están haciendo cambios positivos en tu progreso. Recuerda que tu proceso de sanidad tomará tiempo, dedicación, y mucha fe completa en ti mismo. Siempre sabe que a pesar de lo que crees, hay gente que te quiere ayudar, te quiere ver brillar y sobresalir. Pero recuerda: *siempre tienes que estar ahí por ti mismo, incluso cuando nadie más está.* Tú eres capaz, sé que lo eres.

Si estás buscando más maneras de incorporar remedios naturales a tu vida, revisa mi otro libro sobre formas naturales de tratar tu acné!

Parte 2

Introducción

Quiero agradecerle y felicitarle por descargar el libro.

Este libro contiene pasos y estrategias comprobadas sobre cómo superar la ansiedad y tener confianza para vivir su vida.

Si está asustado o preocupado por las incertidumbres de la vida, le resultará difícil relajarse y divertirse. Siempre puede sentir que algo malo le puede suceder a usted o a sus seres queridos. Tal condición se conoce como ansiedad. En algunos casos, generalmente disminuye a medida que la fuente del miedo se reduce con el tiempo. Pero cuando sigue persistiendo en su mente, en realidad le quita la alegría a su vida.

Preocuparse está bien, siempre y cuando lo motive a tomar medidas para resolver un problema. Pero cuando alguien está preocupado con dudas todo el tiempo, seguro que es un problema grave.

Afortunadamente, hay muchas técnicas o remedios que pueden ayudarlo a controlar sus niveles de ansiedad de manera efectiva. Echemos un vistazo a estos de cerca.

Gracias de nuevo por descargar este libro, ¡espero que lo disfrute!

Capítulo 1: ¿Qué es la ansiedad?

Si está asustado o preocupado por las incertidumbres de la vida, le resultará difícil relajarse, divertirse y mucho más funcionar normalmente. Siempre puede sentir que algo malo le puede pasar a usted o a sus seres queridos. Esta condición se conoce como ansiedad. Aunque este sentimiento anormal de duda o aprensión desaparece cuando disminuye la fuente que lo causa, hay casos en que persiste y causa estragos en su vida.

Preocuparse está bien, siempre que lo motive a tomar medidas para resolver un problema. Si termina haciendo exactamente lo contrario – vivir en constante temor – seguro que es un problema grave. El miedo y la duda implacables pueden paralizar su proceso de pensamiento y sus aspiraciones en la vida. Pueden influir en su energía emocional, lo que conduce a altos niveles de ansiedad que interferirán con sus actividades diarias. Sin embargo, la ansiedad crónica es un hábito mental que se puede superar fácilmente. Solo necesita decirle a su cerebro que esté tranquilo y que mire la vida con una mentalidad positiva.

Mucha gente tiende a centrarse más en el futuro que en el presente. Continuamente reflexionan sobre las incertidumbres de la vida, lo que hace que se acumulen pensamientos negativos. La ansiedad es debilitante. Puede dejarle desesperado e indefenso. Debe ser positivo y tranquilo para reducir sus niveles de ansiedad.

Afortunadamente, hay muchas técnicas o remedios que pueden ayudarlo a controlar sus niveles de ansiedad de manera efectiva.

Capítulo 2: Experimentando la ansiedad y sus variados síntomas

Cada individuo tiende a estar ansioso en algún momento de la vida. Ya sea que esté estudiando para un examen o esperando en el consultorio del médico los resultados de su examen, seguramente estará un poco ansioso. Esto puede desencadenar un conjunto de síntomas como:

● Palpitaciones del corazón

● Sudoración

● Falta de concentración

● Sequedad de la boca

● Sensación de nerviosismo en el estómago

● Tensión muscular

● Hiperventilación

La ansiedad puede ser a corto o largo plazo, dependiendo de su causa. Si la ansiedad ha estado ocurriendo durante mucho tiempo, y las causas se acumulan una sobre la otra, la persona generalmente experimenta una serie de otros síntomas. Cuando la ansiedad se debe a un solo evento, como tomar un examen, finalmente desaparecerá una vez que el evento pase. Si la razón de su ansiedad es una pelea entre usted y su suegra, es probable que desaparezca hasta que se vuelvan a ver.Sin embargo, a menos que los problemas se resuelvan entre ustedes dos, la ansiedad recurrirá. Tales casos suelen ir acompañados de otros síntomas, como diarrea, irritabilidad y estreñimiento.

Si la ansiedad se debe a algunos problemas en el trabajo, es probable que se convierta en un problema a largo plazo. La posibilidad de ir a trabajar le hará sentir aprensivo. Cuando llegue a casa le resultará difícil conciliar el sueño, ya que se preocupará por el día siguiente. También se sentirá ansioso durante los fines de semana, ya que tendrá que trabajar después. Si la raíz de la ansiedad no desaparece, experimentará otros síntomas, como dolor en el pecho y pérdida de apetito, del sueño y del deseo sexual.

Todas las situaciones descritas anteriormente conducirán a momentos de ansiedad día tras día. Esto tendrá un impacto negativo en su salud mental, física y emocional.

Capítulo 3: Causas de la ansiedad

Hablando francamente, la ansiedad se heredó de los comportamientos de lucha o huida de nuestros antepasados. Aunque eran cazadores, también enfrentaban la amenaza de ser cazados en algún momento de su existencia. Entonces solo tenían 2 opciones diferentes: atacar o huir del ataque. Esto actuaba como una advertencia, causando una descarga de adrenalina en el torrente sanguíneo y liberando energía y azúcar en el cuerpo.

El escenario actual no es muy diferente. Todavía nos encontramos con situaciones de lucha o huida, aunque por muchas razones diferentes. Se puede desarrollar miedo de muchas maneras y por muchas cosas.

Su suegra, por ejemplo, puede ser una de las fuentes de su aprensión, y cada vez que se menciona su nombre, de repente se pone nervioso. Debe tomar nota de la respuesta de su cuerpo a esas situaciones estresantes. La ansiedad prolongada puede dañar sus órganos y eventualmente conducir a una enfermedad en toda la regla, como presión arterial alta o dolores de cabeza.

Aunque el estrés es el contribuidor más conocido de los problemas relacionados con la ansiedad, las condiciones físicas también pueden desempeñar un papel. Si sus síntomas de ansiedad son duraderos, es mejor que un médico lo revise para eliminar los siguientes factores de riesgo:

- Hipoglicemia
- Anemia
- Diabetes
- Desordenes Cardiacos (causadospor ritmo cardiaco elevado)
- Hipertiroidismo (el cual produce síntomas similares a la ansiedad)
- Síndrome premenstrual en mujeres

Ahora que sabe qué causa la ansiedad y cuáles son los factores de riesgo involucrados, debe trabajar para deshacerse de ella. La ansiedad leve se puede aliviar tocando música suave, pasando tiempo con amigos o mediante ciertos remedios caseros. El próximo Capítulo ofrece algunos consejos útiles que pueden ayudarlo a superar la ansiedad.

Capítulo 4: ¿Qué hacer y qué no hacer para vencer la ansiedad?

• Respire profundamente: esto es lo primero que debe hacer cuando atraviesa un período de ansiedad. La respiración profunda (a través del diafragma) es un proceso de alivio de la ansiedad principalmente porque estimula la respuesta relajante del cuerpo. Ayuda a su cuerpo a superar los síntomas de lucha o huida del sistema nervioso simpático, y luego pasar a la respuesta relajante debido al sistema nervioso parasimpático.

Entonces, si está ansioso, intente inhalar aire y cuente hasta 4. Llene lentamente el estómago, el pecho y contenga la respiración hasta contar hasta 4. Luego exhale lentamente el aire y cuente hasta 4. Repita el ejercicio varias veces para calmar su mente.

•Acepte el estado de ansiedad: recuerde siempre que la ansiedad no es más que un sentimiento. Si recuerda que es solamente una respuesta emocional, podrá aceptarla fácilmente.

La aceptación es extremadamente importante. Si intenta negar el hecho de que está ansioso, los síntomas a menudo se exacerban. Esto hace que los síntomas se vuelvan intolerables. Reconocer la ansiedad no implica que le guste o que quiera someterse a un estado miserable.

La conclusión es que la ansiedad puede ser problemática, pero ciertamente no es intolerable.

●Piense en ello como un asunto complicado: cuando el cerebro juega trucos, las personas piensan que un ataque de pánico es un ataque cardíaco. Esto se debe principalmente a que los ataques cardíacos y de pánico comparten síntomas comunes. En caso de un ataque de pánico, solo necesita calmarse y dejar pasar la sensación.

La Dra. Kelli Hyland, una conocida psiquiatra en Utah, les da a todos sus pacientes el mismo consejo.

●No piense demasiado en lo que siente. Si cuestiona casi todo lo que siente o hace, la ansiedad puede dominarlo. Cuando esto sucede, puede ser incapaz de deshacerse de ella.

Cuando atraviese una fase de ansiedad, intente hacerse las siguientes preguntas:
¿Es su preocupación real o no?

Si algo sale mal, ¿será tan malo o intolerable?

Encontrar la respuesta le ayudará a superar sus dudas. Una vez que se reconozcan sus inquietudes, es probable que su ansiedad también desaparezca.

●Adopte una técnica de visualización relajante: practique meditación regularmente para mantener sus episodios de ansiedad bajo control. Intente visualizarse a sí mismo en un escenario tranquilo y agradable, como caminar por la orilla de un río o cerca de su parque favorito. Imagine las nubes flotando en el cielo y alinee sus pensamientos o emociones pensando en ellas.

Sin embargo, las personas generalmente piensan de manera bastante diferente. La mayoría de ellas acumula sus emociones, pensamientos, sensaciones y juicios y los etiqueta como buenos o malos. Esto a menudo hace que la ansiedad se dispare.

• Observar sin ser crítico: la Dra. Hyland les da a todos sus pacientes una tarjeta de índice y luego les dice que observen, acumulen sus pensamientos, sentimientos o emociones sin juzgarse a sí mismos.Esto, según la Dra. Hyland, ha ayudado a muchas personas a deshacerse de sus trastornos de ansiedad.

• Hable consigo mismo en un estado mental positivo: la ansiedad puede generar muchos pensamientos
negativos. Cárguese con declaraciones positivas. Dígase a sí mismo que tiene la mentalidad de deshacerse de sus aprensiones.

• Concéntrese en el presente y deje de pensar demasiado en el futuro: cuando las personas pasan por un período de ansiedad, generalmente se preocupan demasiado por las cosas que podrían ocurrir en el futuro cercano o lejano. Para superar tales pensamientos, uno necesita calmarse, respirar profundamente y concentrarse en las cosas que suceden en el presente. Esto seguramente reducirá el nivel de ansiedad.

•Piense o participe en actividades constructivas: cambie su atención a una actividad constructiva, orientada a un objetivo. Intente pensar en lo que podría haber hecho si no estuviera pasando por esa fase de ansiedad. Si tenía planes de ir al cine, simplemente hágalo y diviértase.

Lo peor que puede hacer durante un período de ansiedad es quedarse de brazos cruzados. No hacer nada trae todos los pensamientos negativos al primer plano de su mente, lo que provoca un aumento en su nivel de ansiedad. No hacer nada también permite que sus miedos se filtren en tu mente. Sin embargo, si participa en varias actividades, particularmente gratificantes, como hacer trabajo voluntario, puede alejar todos los pensamientos negativos. También le hará sentir mejor, que es la mejor manera de combatir la ansiedad. La conclusión es que debe estar ocupado con la vida en lugar de quedarse inactivo y concentrarse en lo que podría haber sido.

Capítulo 5: Tratamiento de la ansiedad sin el uso de medicamentos

Su ansiedad o preocupación puede deberse a sus preocupaciones sobre el dinero, el trabajo, el amor, la familia o la salud. Esto puede hacer que su corazón lata más rápido y que su respiración salga enespasmos nerviosos. En tales casos, siempre debe aprender a relajarse, en lugar de asustarse. Independientemente de si la ansiedad es solo una fase pasajera o se ya ha convertido en un trastorno, debe probar ciertos medicamentos para tratar los síntomas.

Existen muchos remedios seguros pero efectivos no relacionados con las drogas para tratar la ansiedad, comenzando desde diferentes técnicas de relajación cuerpo-mente hasta ciertos suplementos, como tés calmantes. Si bien algunos de estos remedios funcionan de inmediato, otros ayudan a aliviar los síntomas de ansiedad con el tiempo.

●Manzanilla: si tiene episodios breves de

ansiedad, una taza de té de manzanilla lo ayudará a calmarse. Ciertos compuestos en la manzanilla, como la *Matricaria recutita,* afectan los receptores cerebrales de la misma manera que las drogas, como el Valium. También puede tomarlo como un suplemento (la solución estándar típica que contiene 1,2% de apigenina, incluye flores de manzanilla).

●Té verde (L-teanina): hemos visto a monjes budistas meditando durante horas, ya sea en estado de alerta o relajado. Esto probablemente se deba al aminoácido comúnmente conocido como L-teanina que se encuentra presente en el té verde que a los monjes les gusta beber. La investigación sugiere que la L-teanina ayuda a controlar el aumento de la frecuencia cardíaca y reducir la presión arterial. Algunos estudios también han etiquetado a la L-teanina como un contribuyente principal para aliviar los síntomas de ansiedad.

Sin embargo, si desea obtener una cantidad significativa de L-teanina del té verde, tendrá que beber entre5 y 20 tazas cada día.

●Lúpulo: aunque está presente en la cerveza, no obtendrá de ella los beneficios tranquilizantes de esta hierba (*Humulus lupulus*). La sustancia sedante del lúpulo está presente principalmente en la forma de un aceite volátil. Por lo tanto, se obtiene generalmente en forma de tinturas o extractos. Las almohadas de lúpulo (utilizadas en aromaterapia) tienen un sabor muy amargo. Se utiliza principalmente para inducir o catalizar los efectos del sueño en combinación con la hierba de valeriana.

Pero no tome estas hierbas sedantes si está tomando sedantes o tranquilizantes por prescripción médica. Además, informe a su médico acerca de los suplementos que está tomando, antes de probar estas hierbas.

● Valeriana: algunos remedios herbales reducen la ansiedad sin causar somnolencia, pero algunos actúan como sedantes (inductores del sueño en la naturaleza). La hierba de valeriana (Valerina *officinalis)* es una de estas hierbas. Causa sueño en pacientes con insomnio. Es por eso que ha sido aprobado por el gobierno alemán para tratar los trastornos del sueño.

La valeriana tiene un olor desagradable. Por lo tanto, tómelo siempre en forma de cápsula, en lugar de como un té. Asegúrese de tomarla en la noche o antes de irse a dormir. No latome antes de ir a trabajar para evitar sentirse somnoliento. La valeriana a menudo se administra en combinación con otras hierbas, como la manzanilla, el lúpulo o el bálsamo de limón.

●Bálsamo de limón: lleva el nombre del trabajo griego para[1] 'abeja mielera'. El bálsamo de limón (*Melissa officinalis*) se ha utilizado ampliamente durante años para aliviar la ansiedad y los síntomas relacionados con el estrés, promoviendo así el sueño.

Aunque se sabe que es seguro, algunos

---

[1] I am not sure if this was a typo. If the word "work" on the original manuscript is correct, translation is as shown. If the correct word is "word" –instead of work - translation should be: "de la palabra griega utilizada para" (just replace the words in red)

estudios sugieren que el uso excesivo puede exacerbar los síntomas de ansiedad. Por lo tanto, siempre comience con la dosis mínima y siga las instrucciones. El bálsamo de limón generalmente está disponible en forma de cápsulas, tintura o como extracto de té. También se usa en combinación con hierbas como la manzanilla y la valeriana.

•Flor de la pasión: no se deje engañar por el nombre. No es algo que le ayude a enamorarse, sino un sedante aprobado por el gobierno alemán para tratar la inquietud nerviosa. Puede reducir los niveles de ansiedad similarmente a los medicamentos recetados. A menudo se usa para tratar el insomnio. Sin embargo, como cualquier otro sedante, la flor de la pasión también causa somnolencia intensa. Por lo tanto, no lo tome mientras esté tomando otros sedantes por prescripción médica. Además, nunca debe combinarlo con ninguna otra hierba sedante ni tomarlo durante más de un mes seguido.

•Lavanda: la fragancia embriagadora pero

segura de lavanda (Lavandula hibrida) emite respuestas emocionales y antiinflamatorias. En un estudio, se descubrió que los pacientes dentales griegos estaban mucho menos ansiosos después de inhalar la fragancia del aceite de lavanda. Se descubrió que algunos estudiantes en Florida (después de inhalar fragancia de aceite de lavanda) tenían niveles de ansiedad más bajos antes de tomar un examen.

Un estudio en Alemania reveló que una píldora de lavanda especialmente fabricada redujo efectivamente los síntomas de ansiedad en personas que sufren de trastorno de ansiedad generalizada tan efectivamente como el lorazepam.

●Ejercicio rutinario: el ejercicio siempre es seguro y saludable para el cerebro. Funciona como un antídoto contra la ansiedad, el estrés y la depresión, de forma inmediata y a largo plazo. El ejercicio regular aumenta su autoestima y le brinda una sensación saludable, ya que es responsable de la liberación de hormonas para sentirse bien.

Muchas personas generalmente están ansiosas por su enfermedad y problemas relacionados con la salud. Por lo tanto, cuando están en forma, es probable que estos pensamientos ansiosos no se les ocurran.

●El régimen de 21 minutos: este es realmente el tiempo que necesitará para completar un régimen de ejercicio completo. Es una técnica confiable y probada para reducir los síntomas de ansiedad. Los médicos sugieren que uno debería intentar hacer ejercicio en una cinta de correr mientras pasa por un período de ansiedad, ya que esto ayuda a calmar la mente.

Intente hacer ejercicio en una cinta o en escaleras para ejercicios para bajar sus niveles de ansiedad. Si participó en el remo durante sus días universitarios, vuelva a sus hábitos de remo. Realice caminatas rápidas incluso si no tiene ganas de hacer ejercicio, ya que esto también ayuda a reducir su ansiedad. La idea es ponerse en movimiento y mantenerse activo.

●Coma algo: muchas personas generalmente se sienten mucho más ansiosas cuando tienen hambre. Cuando las personas sufren un ataque de ansiedad, sus niveles de azúcar en la sangre generalmente comienzan a caer. Trate de tomar un refrigerio rápido para disminuir el hambre. Coma algunas nueces o una barra de chocolate oscuro junto con un vaso de agua o una taza de té.

La dieta es la clave para aliviar los problemas relacionados con la ansiedad. Por lo tanto, intente comer alimentos integrales como granos y cereales, vegetales de hojas, carne magra o mariscos y ciertas variedades de fitonutrientes.

●Desayuno: no se mate de hambre. Muchas personas que generalmente se saltan el desayuno generalmente se quejan de problemas relacionados con la ansiedad. Intente llenar su estómago con huevos o una rica fuente de proteínas. Esto generará colina y evitará los síntomas de ansiedad.

●Ácidos grasos Omega-3: algunos alimentos, como los aceites de pescado, mantienen el corazón sano y evitan que pase a la depresión. En un estudio, los estudiantes que tomaron 2.5 mg de ácidos grasos omega-3 durante un período de 12 semanas tuvieron niveles de ansiedad mucho más bajos en comparación con los estudiantes que tomaron placebo.

Por lo tanto, siempre se recomienda consumir alimentos ricos en ácidos grasos omega-3. Los pescados grasos como el salmón, la sardina, las anchoas y los mejillones también son fuentes ricas en ácidos grasos omega-3.

●Ducha de agua caliente: ¿alguna vez se preguntó por qué las personas generalmente se sienten tan relajadas después de tomar un baño de vapor o sauna? Calentar el cuerpo, por lo general, reduce la tensión en los músculos y los niveles de ansiedad. El calor en su cuerpo realmente controlará los circuitos, alterando así su estado de ánimo e indirectamente alterando los neurotransmisores de serotonina. El calentamiento durante sus períodos de ansiedad es un ejercicio efectivo y siempre puede darle vida sentándose cerca del fuego y tomando una taza de té caliente.

Los investigadores sugieren que descansar en una playa caliente en una mañana soleada, o unos minutos de baño de sauna, spa o baño caliente puede ofrecerle una sensación de calma y bienestar.

●Baño forestal: los japoneses se refieren a él como un baño forestal, pero normalmente lo describimos como un paseo por el bosque. Investigadores japoneses descubrieron cambios en el cuerpo de personas que salen a caminar por los bosques. Por lo general, tienen niveles bajos de hormona del estrés en comparación con los que caminan por la ciudad.

●Meditación consciente: originalmente fue popularizada por los budistas, pero actualmente es más como una terapia convencional. La meditación consciente puede reducir sus síntomas de ansiedad de manera bastante efectiva, por lo que es una técnica bien conocida. Le permite sentir la verdadera esencia de cada momento y le ayuda a concentrarse en el presente en lugar de temer las incertidumbres de la vida.

Superar la ansiedad requiere mucho trabajo, y comenzar puede ser difícil para algunas personas. Pero simplemente concéntrese en su situación y observe sin juzgar. Acepte que está ansioso y luego aplique los tratamientos mencionados anteriormente.

Capítulo 6: Ciertos pensamientos cognitivos que empeoran su ansiedad, estrés o preocupación

• Todo o nada: muchas personas piensan en obtener todo en la vida. No dan por sentadoslos buenos resultados y se centran en la perfección completa. Por lo tanto, siempre tienen un alto riesgo de pasar por un período de ansiedad (ya que consideran que algo menos del 100% es un fracaso).

• Generalización excesiva: implica la generalización de una experiencia negativa. Las personas consideran que una sola falla existirá a lo largo de su vida y construyen una perspectiva negativa a partir de ella.

• La barrera mental: las personas se sienten mucho más ansiosas cuando se centran en los aspectos negativos en lugar de concentrarse en los aspectos positivos de la vida. Siguen pensando en las cosas que salieron mal e ignoran las cosas que salieron bien.

• Ignorar los aspectos positivos: las

personas ansiosas siguen ignorando los aspectos positivos y consideran los resultados como una especie de casualidad. No reconocen los esfuerzos que han realizado para tener éxito.

● Sacar conclusiones aciegas: muchas personas interpretan las cosas negativamente sin considerar la evidencia. Esto indirectamente empeora su sensación de ansiedad.

● Catastrofización: cuando siempre espera que sucedan las peores cosas, su mente nunca estará tranquila. Esto lleva a episodios de estrés y ansiedad.

● Juicio emocional: las personas generalmente se dejan llevar por sus emociones y comienzan a considerar las impresiones negativas como una realidad. Esto se suma a su estrés y ansiedad.

● Qué hacer y qué no hacer: cuando está ansioso, a menudo se limita a hacer algo o ignorar ciertas cosas según su criterio. Esto hará que acepte lo negativo y pierda de vista lo positivo.

●Etiquetarse: muchas personas que

atraviesan un período de ansiedad se etiquetan a sí mismas como un fracaso o una persona estúpida, sin siquiera considerar las realidades. Imagine lo que sentiría si no se ves a sí mismo como algo más que genial.

● Asumir la culpa: muchas personas se hacen responsables y asumen la culpa de un incidente que realmente estaba fuera de su control. Esto se suma a su ansiedad también.

Preocuparse está bien, siempre y cuando lo motive a tomar medidas para resolver un problema. Pero si está preocupado por todo lo que está mal y es malo en su vida, entonces tiene un problema grave.

Conclusión

¡Gracias nuevamente por descargar este libro!

Espero que este libro pueda ayudarlo a deshacerse de sus pensamientos ansiosos y disfrutar la vida al máximo.

El siguiente paso es recomendar el libro a amigos y familiares, que también están experimentando episodios de estrés y ansiedad en sus vidas. Si realmente se ha beneficiado de este libro, permítales disfrutar de los mismos beneficios y ayúdelos a encontrar alivio.

¡Gracias y buena suerte!

www.ingramcontent.com/pod-product-compliance
Lightning Source LLC
Chambersburg PA
CBHW071246020426
42333CB00015B/1652